AF680126

॥ ॐ श्री गणेशाय नमः ॥
॥ जय श्री राम ॥

श्री हनुमान चालीसा अर्थ सहित

दैनिक उपासना एवं साधना के लिए श्री हनुमान
सम्पूर्ण भक्ति संग्रह -
बजरंग बाण • संकटमोचन • अष्टोत्तर
शतनामावली • श्रीराम स्तुति • हनुमान आरती
(२१-दिन संकल्प लेखन साधना विशेष)

ॐ सर्वे भवन्तु सुखिनः
सर्वे सन्तु निरामयाः ।
सर्वे भद्राणि पश्यन्तु
मा कश्चिद्दुःखभाग्भवेत् ।
ॐ शान्तिः शान्तिः शान्तिः ॥

सब सुखी रहें।
सब निरोगी और स्वस्थ बने रहें।
सबका मंगल हो और वे शुभ का दर्शन करें।
कोई भी दुःख या कष्ट का भागी न हो।
ॐ शान्ति।

अनुक्रमणिका

गुरूर्ब्रह्मा गुरूर्विष्णुः गुरुर्देवो महेश्वरः।
गुरु साक्षात् परब्रह्म तस्मै श्री गुरवे नमः॥

गुरु ही सृष्टि के रचयिता ब्रह्मा के समान हैं, गुरु ही पालन करने वाले विष्णु के रूप में हैं, और गुरु ही संहार के अधिपति महेश्वर (शिव) स्वरूप हैं। वे प्रत्यक्ष रूप में परम सत्य, परब्रह्म का ही स्वरूप हैं। ऐसे पूजनीय श्री गुरु को मेरा विनम्र प्रणाम है।

श्री गोस्वामी तुलसीदास जी

गोस्वामी तुलसीदास जी महान संत-कवि और भक्त थे, जिन्होंने श्रीरामचरितमानस, हनुमान चालीसा, बजरंग बाण, संकटमोचन स्तोत्र आदि दिव्य रचनाओं के माध्यम से भक्ति का अमृत संसार को प्रदान किया। हम उनके प्रति हृदय से कृतज्ञ हैं कि उनकी रचनाओं द्वारा हमें श्रीराम और हनुमान जी की कृपा, शांति और आशीर्वाद का अनुभव होता है। उनकी वाणी आज भी भक्तों के जीवन में श्रद्धा, शक्ति और आनंद भरती है। तुलसीदास जी को विनम्र प्रणाम।

यत्र यत्र रघुनाथकीर्तनं तत्र तत्र कृतमस्तकांजलिम्।
वाष्पवारिपरिपूर्णालोचनं मारुतिं नमत राक्षसान्तकम्॥

जहाँ-जहाँ भगवान श्रीराम का गुणगान या कीर्तन होता है, वहाँ-वहाँ हनुमानजी हाथ जोड़कर मस्तक झुकाए उपस्थित रहते हैं। उनकी आँखों में प्रेम और भक्ति के आँसू छलक रहे होते हैं। ऐसे राक्षसों का नाश करने वाले पवनपुत्र हनुमान को प्रणाम है।

लोकाभिरामं रणरंगधीरं
राजीवनेत्रं रघुवंशनाथं।
कारुण्यरूपं करुणाकरं तं
श्रीरामचन्द्रं शरणं प्रपद्ये॥

जो सम्पूर्ण लोकों में सुन्दर, रणक्रीड़ा में धीर, कमलनयन, रघुवंशनायक, करुणामूर्ति और करुणा के भंडार हैं, उन श्रीरामचन्द्रजी की मैं शरण लेती / लेता हूँ।

मनोजवं मारुततुल्यवेगं
जितेन्द्रियं बुद्धिमतां वरिष्ठम्।
वातात्मजं वानरयूथमुख्यं
श्रीरामदूतं शरणं प्रपद्ये॥

जिनकी मन के समान गति, वायु के समान वेग है, जो परम जितेन्द्रिय और बुद्धिमानों में श्रेष्ठ हैं, उन पवनन्दन वनराग्रगण्य श्रीरामदूत की मैं शरण लेती / लेता हूँ।

राम राम
राम राम
राम राम
राम राम
राम राम
राम राम
राम राम
राम राम
राम राम
राम राम
राम राम
राम राम
राम राम
राम राम
राम राम
राम राम
राम राम
राम राम
राम राम
राम राम
राम राम
राम राम
राम राम
राम राम
राम राम
राम राम
राम राम
राम राम
राम राम
राम राम
राम राम
राम राम
राम राम
राम राम
राम राम
राम राम
राम राम
राम राम
राम राम
राम राम
राम राम
राम राम

श्री हनुमान चालीसा

श्री गुरु महाराज के चरणों की धूल से अपने मन रूपी दर्पण को पवित्र करके, मैं भगवान श्री राम के पवित्र यश का वर्णन करती/करता हूँ, जो धर्म, अर्थ, काम और मोक्ष इन चार फलों को देने वाले हैं।

मैं अपने आपको बुद्धिहीन जानकर पवनपुत्र हनुमान जी का स्मरण करती/करता हूँ। हे प्रभु! मुझे बल, बुद्धि और विद्या दीजिए तथा मेरे सभी दुखों और दोषों को दूर कीजिए।

|| ॐ ||

दोहा

श्रीगुरु चरन सरोज रज , निजमन मुकुरु सुधारि।
बरनउं रघुबर बिमल जसु, जो दायक फल चारि।।

बुद्धिहीन तनु जानिके, सुमिरौं पवन-कुमार।
बल बुधि बिद्या देहु मोहिं, हरहु कलेस बिकार।।

।। ॐ ।।

हे हनुमान जी, आप ज्ञान और सद्गुणों के अथाह भंडार हैं। वानर-समूह के स्वामी, आपकी महिमा तीनों लोकों में प्रकाशमान है।

आप श्री राम के दूत हैं और अद्भुत शक्ति के आधार हैं। आप अंजनी माता के पुत्र तथा पवनदेव के अंश रूप में प्रसिद्ध हैं।

हे पराक्रमी हनुमान! आप असाधारण वीरता वाले हैं। आप बुरी सोच को दूर कर शुभ बुद्धि प्रदान करने वाले और सज्जनों के सहायक हैं।

आपका स्वरूप स्वर्ण के समान तेजस्वी है और आपका वेश अत्यंत आकर्षक है। आपके कानों में कुण्डल और घुंघराले केश आपकी शोभा बढ़ाते हैं।

आपके हाथों में शक्ति का प्रतीक अस्त्र और ध्वज शोभित हैं। आप अपने कंधे पर मुंज घास का पवित्र धागा धारण करते हैं।

आप भगवान शिव के अंश और केसरी के पुत्र हैं। आपका पराक्रम और महान प्रभाव समस्त संसार में आदर के साथ स्मरण किया जाता है।

आप ज्ञान, सद्गुण और बुद्धिमत्ता से परिपूर्ण हैं। आप सदैव श्री राम के कार्यों को पूर्ण करने के लिए तत्पर रहते हैं।

चौपाई

जय हनुमान ज्ञान गुन सागर ।
जय कपीस तिहुँ लोक उजागर ॥ १ ॥

रामदूत अतुलित बल धामा ।
अंजनिपुत्र पवनसुत नामा ॥ २ ॥

महाबीर बिक्रम बजरंगी ।
कुमति निवार सुमति के संगी ॥ ३ ॥

कंचन बरन बिराज सुबेसा ।
कानन कुंडल कुंचित केसा ॥ ४ ॥

हाथ बज्र औ ध्वजा बिराजै ।
काँधे मूँज जनेऊ साजै ॥ ५ ॥

संकर सुवन केसरीनंदन ।
तेज प्रताप महा जग बंदन ॥ ६ ॥

बिद्यावान गुनी अति चातुर ।
राम काज करिबे को आतुर ॥ ७ ॥

आपको प्रभु श्री राम के चरित्र का श्रवण अत्यंत प्रिय है। आपके हृदय में श्री राम, श्री लक्ष्मण और माता सीता सदैव निवास करते हैं।

आपने एक ओर माता सीता को दर्शन देने के लिए छोटा रूप धारण किया और वहीं दूसरी ओर लंका दहन के समय भयंकर स्वरूप लिया।

आपने विशाल रूप लेकर राक्षसों का नाश किया और इस प्रकार प्रभु श्री राम के कार्यों को सफल बनाया।

आपने संजीवनी लाकर लक्ष्मण जी के प्राणों की रक्षा की, जिससे प्रसन्न होकर प्रभु श्री राम ने आपको हृदय से लगाया।

प्रभु श्री राम ने आपकी अत्यधिक प्रशंसा की और आपको अपने भाई भरत के समान प्रिय बताया।

असंख्य मुखों से भी आपके गुणों का पूर्ण वर्णन संभव नहीं। ऐसा कहकर प्रभु श्री राम ने आपको स्नेहपूर्वक गले लगाया।

श्री सनक, श्री सनातन, श्री सनन्दन, श्री सनत्कुमार आदि मुनि ब्रह्मा आदि देवता नारद जी, सरस्वती जी, शेषनाग जी सब आपका गुण गान करते है।

प्रभु चरित्र सुनिबे को रसिया ।
राम लखन सीता मन बसिया ॥ ८ ॥

सूक्ष्म रूप धरि सियहिं दिखावा ।
बिकट रूप धरि लंक जरावा ॥ ९ ॥

भीम रूप धरि असुर सँहारे ।
रामचन्द्र के काज सँवारे ॥ १० ॥

लाय सजीवन लखन जियाये ।
श्री रघुबीर हरषि उर लाये ॥ ११ ॥

रघुपति कीन्ही बहुत बड़ाई ।
तुम मम प्रिय भरतहि सम भाई ॥ १२ ॥

सहस बदन तुम्हरो जस गावैं ।
अस कहि श्रीपति कण्ठ लगावैं ॥ १३ ॥

सनकादिक ब्रह्मादि मुनीसा ।
नारद सारद सहित अहीसा ॥ १४ ॥

यम देवता, कुबेर देवता, १0 दिशाओं के देवता भी आपकी महिमा का वर्णन नहीं कर पाए हैं, तो साधारण कवि और विद्वान आपकी महिमा का पार कहाँ पा सकते हैं?

आपने सुग्रीव की सहायता करके उन्हें श्री राम से मिलाया और उनका राज्य वापस दिलाया।

विभीषण ने आपकी सलाह को अपनाया, जिसके फलस्वरूप वे लंका के राजा बने।

आपने सूर्य को हजारों युग मील दूर होते हुए भी मीठा फल समझकर निगल लिया।

आपने भगवान श्रीराम की अंगूठी को मुख में रखकर समुद्र को पार किया, इसमें कोई आश्चर्य नहीं है।

आपकी कृपा से इस संसार के कठिन से कठिन कार्य भी सरल बन जाते हैं।

आप श्री राम के द्वार के रक्षक हैं, आपकी अनुमति के बिना कोई उनके समीप नहीं पहुँच सकता।

जम कुबेर दिगपाल जहाँ ते ।
कबि कोबिद कहि सके कहाँ ते ॥ १५ ॥

तुम उपकार सुग्रीवहिं कीन्हा ।
राम मिलाय राज पद दीन्हा ॥ १६ ॥

तुम्हरो मंत्र बिभीषन माना ।
लंकेस्वर भए सब जग जाना ॥ १७ ॥

जुग सहस्र जोजन पर भानू ।
लील्यो ताहि मधुर फल जानू ॥ १८ ॥

प्रभु मुद्रिका मेलि मुख माहीं ।
जलधि लाँघि गए अचरज नाहीं ॥ १९ ॥

दुर्गम काज जगत के जेते ।
सुगम अनुग्रह तुम्हरे तेते ॥ २० ॥

राम दुआरे तुम रखवारे ।
होत न आज्ञा बिनु पैसारे ॥ २१ ॥

जो आपकी शरण में आता है, वह निडर होकर जीवन के सभी सुखों को प्राप्त करता है।

आप अपनी शक्ति को स्वयं नियंत्रित करते हैं, अन्यथा आपका प्रभाव सम्पूर्ण सृष्टि को कंपा सकता है।

जहां महावीर हनुमान जी का नाम सुनाया जाता है, वहां भूत, पिशाच (नकारात्मक शक्तियाँ) निकट नहीं आते।

वीर हनुमान जी! आपका निरंतर जप करने से सब रोग चले जाते है और सब पीड़ा मिट जाती है।

जो व्यक्ति सच्चे मन से आपका (विचार करने में, कर्म करने में और बोलने में,) ध्यान करता है, उसे आप सभी संकटों से मुक्त करते हैं।

भगवान श्री राम सभी में श्रेष्ठ और धर्मनिष्ठ राजा हैं। आप उनके सभी कार्यों को सफलतापूर्वक पूर्ण करते हैं।

जो कोई भी अपनी इच्छाओं को लेकर आपके पास आता है, वह जीवन के असीम फल प्राप्त करता है।

सब सुख लहै तुम्हारी सरना ।
तुम रक्षक काहू को डर ना ॥ २२ ॥

आपन तेज सम्हारो आपै ।
तीनों लोक हाँक तें कॉपै ॥ २३ ॥

भूत पिसाच निकट नहिं आवै ।
महाबीर जब नाम सुनावै ॥ २४ ॥

नासै रोग हरै सब पीरा ।
जपत निरंतर हनुमत बीरा ॥ २५ ॥

संकट तें हनुमान छुडावै ।
मन क्रम बचन ध्यान जो लावै ॥ २६ ॥

सब पर राम तपस्वी राजा ।
तिन के काज सकल तुम साजा ॥ २७ ॥

और मनोरथ जो कोई लावै ।
सोई अमित जीवन फल पावै ॥ २८ ॥

आपकी कीर्ति चारों युगों में फैली हुई है और आपका यश सम्पूर्ण संसार को प्रकाशित करता है।

आप संतों और सज्जनों की रक्षा करते हैं, दुष्टों का नाश करते हैं और प्रभु श्री राम के अत्यंत प्रिय हैं।

आप अपने भक्तों के लिए आठों सिद्धियों* और नौ निधियों* के दाता हैं, यह वरदान आपको माता जानकी ने दिया है।

आपके पास श्री राम नाम का अमूल्य भक्ति-रस है और आप सदा उनके सेवक बने रहते हैं।

आपकी भक्ति करने से भगवान श्री राम की कृपा प्राप्त होती है और जन्म-जन्म के दुख समाप्त हो जाते हैं।

आपका स्मरण करने वाला अंत समय में श्री राम के धाम को प्राप्त करता है और पुनर्जन्म में भी भक्त रूप में ही जन्म लेता है।

जो व्यक्ति एकाग्र होकर आपकी भक्ति करता है, उसे अन्य किसी की उपासना की आवश्यकता नहीं रहती उसे सभी सुख प्राप्त होते हैं।

*अष्ट सिद्धियाँ (आठ दिव्य शक्तियाँ) ये आठ प्रकार की आध्यात्मिक शक्तियाँ हैं, जो साधना और ध्यान से प्राप्त मानी जाती हैं: अणिमा (शरीर को अत्यंत सूक्ष्म करने की शक्ति), महिमा (शरीर को अत्यंत विशाल रूप में विस्तृत करने की शक्ति), गरिमा (शरीर को अत्यधिक भारी बना लेने की शक्ति), लघिमा (शरीर को अत्यंत हल्का कर आकाश में गमन करने की शक्ति), प्राप्ति (किसी भी वस्तु या स्थान को सहज रूप से प्राप्त करने की शक्ति), प्राकाम्य (इच्छाओं को पूर्ण करने की शक्ति), ईशित्व (सृष्टि पर नियंत्रण या प्रभुत्व की शक्ति), वशित्व (जीवों और प्रकृति को अपने वश में करने की शक्ति)।

*नव निधियाँ (नौ दिव्य संपत्तियाँ), शास्त्रों में वर्णित ये नौ प्रकार की दिव्य संपत्तियाँ या खजाने हैं: महापद्म (दुर्लभ रत्न और आध्यात्मिक संपदा से संबंधित खजाना), पद्म (कमल रूपी समृद्धि और सौंदर्य का प्रतीक), शंख (विजय और मंगल का प्रतीक खजाना), मकर (शक्ति और वीरता से जुड़ा खजाना), कच्छप (गुप्त एवं सुरक्षित धन का संकेत), मुकुंद (आनंद और कल्याण से संबंधित संपदा), कुंड (आभूषण और धातुओं से युक्त खजाना), नील (नीलम जैसे बहुमूल्य रत्नों का भंडार), खर्व (व्यापार और भौतिक समृद्धि से जुड़ी संपत्ति)।

चारों जुग परताप तुम्हारा ।
है परसिद्ध जगत उजियारा ॥ २९ ॥

साधु सन्त के तुम रखवारे ।
असुर निकन्दन राम दुलारे ॥ ३० ॥

अष्ट सिद्धि नौ निधि के दाता ।
अस बर दीन जानकी माता ॥ ३१ ॥

राम रसायन तुम्हरे पासा ।
सदा रहो रघुपति के दासा ॥ ३२ ॥

तुम्हरे भजन राम को पावै ।
जनम जनम के दुख बिसरावै ॥ ३३ ॥

अंत काल रघुबर पुर जाई ।
जहाँ जन्म हरिभक्त कहाई ॥ ३४ ॥

और देवता चित्त न धरई ।
हनुमत सेई सर्ब सुख करई ॥ ३५ ॥

जो भी आपका स्मरण करता है, उसके सभी संकट दूर होते हैं और कष्ट समाप्त हो जाते हैं।

हे प्रभु हनुमान! आपकी जय हो! जय हो! जय हो! कृपया गुरु के समान हम पर अपनी कृपा बनाए रखें।

जो श्रद्धा से सौ बार इसका पाठ करता है, वह सब बंधनों से मुक्त होकर आंतरिक सुख प्राप्त करता है।

जो इस चालीसा को नियमित पढ़ेगा उसके सभी कार्य सिद्ध होंगे। स्वयं भगवान शिव इसकी पुष्टि करते हैं।

तुलसीदास विनती करते हैं, हे प्रभु! मुझे सदा भगवान का सेवक बनाए रखें और मेरे हृदय में निवास करें।

दोहा

हे पवनपुत्र, संकटों का नाश करने वाले, मंगलमूर्ति हनुमान जी, कृपया आप प्रभु श्रीराम, श्री लक्ष्मण और सीता मैया के साथ मेरे हृदय में निवास करें।

संकट कटै मिटै सब पीरा ।
जो सुमिरै हनुमत बलबीरा ॥ ३६ ॥

जै जै जै हनुमान गोसाईं ।
कृपा करहु गुरुदेव की नाईं ॥ ३७ ॥

जो सत बार पाठ कर कोई ।
छूटहि बंदि महा सुख होई ॥ ३८ ॥

जो यह पढ़ै हनुमान चालीसा ।
होय सिद्धि साखी गौरीसा ॥ ३९ ॥

तुलसीदास सदा हरि चेरा ।
कीजै नाथ हृदय महँ डेरा ॥ ४० ॥

दोहा

पवनतनय संकट हरन, मंगल मूरति रूप ।
राम लखन सीता सहित, हृदय बसहु सुर भूप ॥

राम राम
राम राम
राम राम
राम राम
राम राम
राम राम
राम राम
राम राम
राम राम
राम राम
राम राम
राम राम
राम राम
राम राम
राम राम
राम राम
राम राम
राम राम
राम राम
राम राम
राम राम
राम राम
राम राम
राम राम
राम राम
राम राम
राम राम
राम राम
राम राम
राम राम
राम राम
राम राम
राम राम
राम राम
राम राम
राम राम
राम राम
राम राम
राम राम
राम राम
राम राम
राम राम
राम राम
राम राम
राम राम
राम राम

श्री बजरंग बाण

जो व्यक्ति दृढ़ विश्वास, प्रेम और विनम्रता के साथ हनुमान जी की आराधना करता है, उसके सभी शुभ कार्य हनुमान जी पूर्ण करते हैं।

|| ॐ ||

दोहा

निश्चय प्रेम प्रतीति ते, विनय करें सन्मान ।
तेहि के कारज सकल शुभ, सिद्ध करैं हनुमान ।।

।। ॐ ।।

हे संतों के हितकारी हनुमान जी, मेरी विनती को कृपापूर्वक स्वीकार करें।

भक्तों के कार्यों में विलंब न करें, शीघ्र आकर उन्हें सुख और राहत प्रदान करें।

जिस प्रकार आपने समुद्र को लांघकर और सुरसा के मुख में प्रवेश करके अपनी शक्ति और बुद्धि का परिचय दिया।

आगे बढ़ते समय लंकिनी ने आपको रोका, तो आपने एक ही प्रहार में उसे देवलोक भेज दिया।

आपने विभीषण को शरण देकर उन्हें सुख दिया और माता सीता का दर्शन कर अपना कार्य पूर्ण किया।

आपने अशोक वाटिका उजाड़ दी और आप रावण के भेजे सैनिकों के लिए यमदूत बन गए।

आपने दशकंधर के पुत्र अक्षय कुमार का वध किया और अपनी पूंछ में अग्नि लगाकर लंका को जला दिया।

चौपाई

जय हनुमंत संत हितकारी ।
सुन लीजै प्रभु अरज हमारी ॥

जन के काज विलंब न कीजै ।
आतुर दौरि महा सुख दीजै ॥

जैसे कूदि सिंधु महि पारा ।
सुरसा बदन पैठि विस्तार ॥

आगे जाय लंकिनी रोका ।
मारेहु लात गई सुरलोका ॥

जाय विभीषण को सुख दीन्हा ।
सीता निरखि परम पद लीन्हा ॥

बाग उजाड़ि सिंधु महँ बोरा ।
अति आतुर जमकातर तोरा ॥

अक्षय कुमार मारि संहारा ।
लूम लपेट लंक को जारा ॥

लंका घास के समान जल गई और हर जगह आपकी जयजयकार हुई।

हे अंतर्यामी प्रभु, अब विलंब क्यों? कृपया मुझ पर कृपा करें।

हे लक्ष्मण जी के प्राणों के रक्षक आपकी जय हो! कृपया शीघ्र आकर मेरे दुखों का अंत करें।

हे वीरों के अधिपति, सर्वशक्तिमान, पर्वत उठाने वाले तथा सुख के सागर, मुझ पर कृपा कीजिए।

हे दृढ़ और पराक्रमी हनुमान, कृपया शत्रुओं का वज्र समान बल से नाश करें।

हे प्रभु, अपनी गदा और वज्र धारण कर मेरे शत्रुओं का नाश कीजिए तथा अपने इस सेवक को सभी विपत्तियों से बचाइए।

हे प्रभु, मेरी करुण पुकार सुनकर शीघ्र आएँ, हुंकार कर मेरे शत्रुओं और विपत्तियों को निर्बल करें तथा अपने अस्त्र-शस्त्रों से उनका नाश कर मेरी रक्षा करें।

लाह समान लंक जरि गई ।
जय-जय धुनि सुरपुर नभ भई ।।

अब बिलंब केहि कारन स्वामी ।
कृपा करहु उर अंतरयामी ।।

जय-जय लखन प्रान के दाता ।
आतुर ह्वै दुख करहु निपाता ।।

जै गिरिधर जै जै सुखसागर ।
सुर समूह समरथ भटनागर ।।

ॐ हनु हनु हनु हनुमंत हठीले ।
बैरिहि मारु बज्र की कीले ।।

गदा बज्र लै बैरिहिं मारो ।
महाराज निज दास उबारो ।।

सुनि पुकार हुंकार देय धावो ।
बज्र गदा हनु विलम्ब न लावो ।।

हे ह्रीं ह्रीं ह्रीं रूपी शक्तिशाली कपीश, शक्ति के अत्यंत प्रिय और सदा उनके साथ उनकी सेवा में रहने वाले प्रभु, हुं हुं हुंकार रूप से मेरे शत्रुओं के हृदय और मस्तक को विदीर्ण कीजिए।

हे दीनानाथ, आपको श्री हरि की शपथ है, मेरी विनती पूर्ण कीजिए। हे रामदूत, मेरे शत्रुओं और सभी बाधाओं का नाश कीजिए।

हे असीम शक्तियों और कृपा के स्वामी, आपकी सदा जय हो; आपके इस सेवक को किस अपराध का फल मिल रहा है?

हे कृपानिधान, आपका यह दास पूजा की विधि, जप के नियम, तप की प्रक्रिया तथा आचार-विचार का कोई ज्ञान नहीं रखता; कृपया इस अज्ञानी सेवक का उद्धार कीजिए।

हे प्रभु, आपकी कृपा के प्रभाव से आपकी शरण में आया हुआ व्यक्ति किसी भी प्रकार के भय से कभी भयभीत नहीं होता, चाहे वह स्थान वन हो, सुंदर उपवन हो, घर हो या पर्वत।

मैं आपके चरणों में गिरकर, हाथ जोड़कर आपको मनाती / मनाता हूँ और प्रार्थना करती / करता हूँ; अब आपके सिवा मैं किसे पुकारूँ?

हे अंजनी पुत्र, अत्यंत बलशाली और शिव के अंश, वीर हनुमान, आपकी सदा जय हो!

ॐ ह्रीं ह्रीं ह्रीं हनुमंत कपीसा ।
ॐ हुं हुं हुं हनु अरि उर शीशा ।।

सत्य होहु हरि शपथ पाय के ।
रामदूत धरु मारु जाय के ।।

जय जय जय हनुमन्त अगाधा ।
दुःख पावत जन केहि अपराधा ।।

पूजा जप तप नेम अचारा ।
नहिं जानत हौं दास तुम्हारा ।।

वन उपवन, मग गिरि गृह माहीं ।
तुम्हरे बल हम डरपत नाहीं ।।

पांय परों कर ज़ोरि मनावौं ।
यहि अवसर अब केहि गोहरावौं ।।

जय अंजनि कुमार बलवन्ता ।
शंकर सुवन वीर हनुमन्ता ।।

हे प्रभु, आपका स्वरूप अत्यंत विशाल है और आप स्वयं काल का भी नाश करने में समर्थ हैं; हे रामभक्त, आप श्रीराम के प्रिय हैं और सदा उनके वचनों का पालन करते हैं।

चाहे वह भूत हो या प्रेत, पिशाच हो या निशाचर, अग्नि बेताल हो या कोई अन्य कोई भी हो,

हे प्रभु, आपको आपके इष्ट भगवान राम की सौगंध है, कृपया शीघ्र इन सबका संहार कीजिए और भक्त-प्रतिपालक तथा राम-भक्त नाम की मर्यादा बनाए रखिए।

हे जानकी और जानकीवल्लभ के परम प्रिय, आप स्वयं को उनका दास कहते हैं; अब आपको उनकी ही सौगंध है, कृपया इस दास की विपत्ति दूर करने में विलंब न कीजिए।

आपकी जय-जयकार की ध्वनि सदा आकाश में गूँजती रहती है, और आपका स्मरण करते ही भीषण से भी भीषण दुःखों का नाश हो जाता है।

मैं आपके चरणों में गिरकर, हाथ जोड़कर आपको मनाती / मनाता हूँ और प्रार्थना करती / करता हूँ; अब आपके सिवा मैं किसे पुकारूँ?

हे करुणानिधि, अब कृपया उठिए; आपको भगवान राम की सौगंध है। मैं हाथ जोड़कर और आपके चरणों में गिरकर अपनी विपत्तियों के नाश की प्रार्थना करती / करता हूँ।

बदन कराल काल कुल घालक ।
राम सहाय सदा प्रति पालक ।।

भूत प्रेत पिशाच निशाचर ।
अग्नि बेताल काल मारी मर ।।

इन्हें मारु तोहिं शपथ राम की ।
राखु नाथ मरजाद नाम की ।।

जनकसुता हरि दास कहावौ ।
ताकी शपथ विलम्ब न लावो ।।

जय जय जय धुनि होत अकाशा ।
सुमिरत होत दुसह दुःख नाशा ।।

चरण पकर कर ज़ोरि मनावौ ।
यहि अवसर अब केहि गौहरावौं ।।

उठु उठु उठु चलु राम दुहाई ।
पांय परों कर ज़ोरि मनाई ।।

हे चंचल-वर्ण रूप, अत्यंत तीव्र वेग से चलने वाले, हे हनुमंत लला, कृपया मेरी विपत्तियों का नाश कीजिए।

हे हं वर्ण स्वरूप प्रभु, आपकी मात्र हाँक से ही समस्त दुष्टजन ऐसे निस्तेज हो जाते हैं, जैसे सूर्योदय होते ही अंधकार विलीन हो जाता है।

हे प्रभु, आप आनंद के सागर हैं; आपका स्मरण करते ही आपके दास आनंद से भर उठते हैं। कृपया अब अपने इस सेवक को शीघ्र ही विपत्तियों से उबार लीजिए।

हे प्रभु, मैं इसी कारण आपको ही विनम्रतापूर्वक पुकार रही/ रहा हूँ और अपने दुःखों के नाश की प्रार्थना कर रही/ रहा हूँ, ताकि आपके कृपानिधान नाम की मर्यादा बनी रहे।

हे पवनसुत, आपका प्रभाव अत्यंत प्रबल है, फिर भी आप मेरे कष्टों का निवारण क्यों नहीं कर रहे हैं?

हे बजरंगबली, प्रभु श्रीराम के बाणों की गति से शीघ्र पधारिए और इस दीन के दुःखों का नाश करते हुए अपने भक्तवत्सल स्वरूप का दर्शन कराइए।

हे कपिराज, यदि आज आप मेरी लाज नहीं रखते तो फिर कब रखेंगे? और यदि मेरे दुःख ही मेरा अंत कर दें, तो आपके पास एक भक्त के लिए पछताने के अतिरिक्त और क्या शेष रहेगा?

ॐ चं चं चं चं चं चपल चलंता ।
ऊँ हनु हनु हनु हनु हनु हनुमन्ता ।।

ऊँ हं हं हांक देत कपि चंचल ।
ऊँ सं सं सहमि पराने खल दल ।।

अपने जन को तुरत उबारो ।
सुमिरत होय आनन्द हमारो ।।

ताते बिनती करौं पुकारी।
हरहु सकल दुख विपत्ति हमारी।।

परम प्रबल प्रभाव प्रभु तोरा।
कस न हरहु अब संकट मोरा।।

हे बजरंग ! बाण सम धावौं।
मेटि सकल दुख दरस दिखावौं।।

हे कपि राज काज कब ऐहौ।
अवसर चूकि अन्त पछतैहौ।।

हे पवनतनय, इस समय आपके दास की लाज बचती नहीं दिख रही है; अतः कृपया शीघ्र पधारिए।

हे प्रभु हनुमत बलवीर, आपकी सदा जय हो; हे समस्त गुण और ज्ञान के भंडार, आपकी निरंतर जय-जयकार होती रहे।

हे कपिराज, हे प्रभु, आपकी सदा सर्वदा जय हो; आप सुखों के स्रोत हैं और भक्तों को निरंतर सुख देने वाले हैं। ऐसे सुखस्वरूप की सदा जय हो!

हे सूर्यकुल के भूषण, दशरथनंदन श्रीराम के प्रिय, आपकी सदा जय हो; हे जनकनंदिनी के प्रिय तथा पुरुषोत्तम श्रीराम के अति प्रिय, आपकी सदा जय हो!

हे मंगल देने वाले प्रभु, आपकी सदा जय हो; इस पूरे ब्रह्मांड में ऐसा कौन है जो आपको न जानता हो। हे तीनों लोकों में विख्यात शंकर के पुत्र, आपकी सदा जय हो!

हे प्रभु, आपकी महिमा इतनी अपार है कि स्वयं शेषनाग भी यदि अनंत काल तक आपके गुणों का गान करें, तब भी आपके प्रताप का पूर्ण वर्णन नहीं कर सकते।

हे भक्तों में श्रेष्ठ, आप सदा श्रीराम के नाम और स्वरूप में लीन रहते हैं, और जहाँ भी देखते हैं वहाँ राम का ही दर्शन पाकर निरंतर आनंदित रहते हैं।

जन की लाज जात एहि बारा।
धावहु हे कपि पवन कुमारा।।

जयति जयति जय जय हनुमाना।
जयति जयति गुन ज्ञान निधाना।।

जयति जयति जय जय कपि राई।
जयति जयति जय जय सुख दाई।।

जयति जयति जय राम पियारे।
जयति जयति जय, सिया दुलारे।।

जयति जयति मुद मंगल दाता।
जयति जयति त्रिभुवन विख्याता।।

एहि प्रकार गावत गुण शेषा।
पावत पार नहीं लव लेसा।।

राम रूप सर्वत्र समाना।
देखत रहत सदा हर्षाना।।

माँ शारदा भी आपके गुणों का अनेक प्रकार से विधिपूर्वक वर्णन करती हैं, फिर भी आपके वास्तविक स्वरूप को पूर्णतः समझ पाना संभव नहीं है।

हे कपिवर, मैंने अनेक प्रकार से विचार किया और खोज भी की, फिर भी आपके समान बलशाली कोई अन्य मुझे दिखाई नहीं दिया।

यह सब विचार करके मैंने आप जैसे दयासागर की शरण ली है और आपसे विनम्रतापूर्वक अपनी विपत्ति निवेदन कर रही/ रहा हूँ।

हे कपिराज, मेरे इन दुःखभरे वचनों को सुनकर कृपया मेरे सभी कष्टों का नाश कीजिए।

इस प्रकार जो भी कपिराज से विनम्रतापूर्वक प्रार्थना करता है, वह अपने जीवन में सभी प्रकार के सुखों को प्राप्त करता है।

इस बजरंग बाण का पाठ करते ही पवनपुत्र श्री हनुमान जी बाण की गति से अपने भक्त के कल्याण हेतु तुरंत उपस्थित हो जाते हैं।

और वे क्षणभर में सभी प्रकार के दुःखों का निवारण कर देते हैं, तथा अपने मनोहर स्वरूप का दर्शन कराकर पुनः प्रभु श्रीराम के पास लौट जाते हैं।

विधि सारदा सहित दिन राती।
गावत कपि के गुन बहु भाँती।।

तुम सम नहीं जगत बलवाना।
करि विचार देखउँ विधि नाना।।

यह जिय जानि सरन हम आये।
ताते विनय करौं मन लाये।।

सुनि कपि आरत बचन हमारे।
हरहु सकल दुख सोच हमारे।।

एहि प्रकार विनती कपि केरी।
जो जन करै,लहै सुख ढेरी।।

याके पढ़त बीर हनुमाना।
धावत बान तुल्य बलवाना।।

मेटत आय दुख छिन माहीं।
दै दर्शन रघुपति ढिंग जाहीं।।

किसी भी प्रकार की तांत्रिक विधि अपना असर नहीं दिखा पाती; चाहे वह टोना-टोटका हो या कोई मारण प्रयोग; प्रभु हनुमंत लला की ऐसी कृपा उनके भक्तों पर सदा बनी रहती है।

सभी प्रकार के सुर, असुर और भैरवादि किसी भी तरह का अहित नहीं करते, बल्कि वे मित्रभाव से जीवन में सहायक बनते हैं।

जो व्यक्ति प्रतिदिन नियमित रूप से और श्रद्धापूर्वक इस बजरंग बाण का ग्यारह बार जप करता है, उसकी छाया से भी काल भयभीत रहता है।

इस बजरंग बाण का पाठ करने वाले से वैर रखने वालों का स्वयं ही नाश हो जाता है, और उसकी छवि मात्र देखकर ही सुर और असुर सभी भय से कांप उठते हैं।

हे प्रभु, कृपया अपने इस सेवक की सदा सहायता कीजिए और उसे तेज, प्रताप, बल तथा बुद्धि प्रदान कीजिए।

यदि इस बजरंग बाण का प्रभाव किसी पर पड़ जाए, तो फिर इस समस्त ब्रह्मांड में उसे बचाने वाला कौन रह जाता है?

जो भी व्यक्ति पूर्ण श्रद्धा के साथ नियमित रूप से इस बजरंग बाण का पाठ करता है, श्री हनुमान स्वयं उसके प्राणों की रक्षा हेतु सदैव सजग रहते हैं।

डीठ मूठ टोनादिक नासैं।
पर कृत यन्त्र मन्त्र नहिं त्रासै।।

भैरवादि सुर करैं मिताई।
आयसु मानि करैं सेवकाई।।

आवृत ग्यारह प्रति दिन जापै।
ताकी छाँह काल नहिं व्यापै।।

शत्रु समूह मिटै सब आपै।
देखत ताहि सुरासुर काँपै।।

तेज प्रताप बुद्धि अधिकाई।
रहै सदा कपि राज सहाई।।

यह बजरंग बाण जेहि मारै।
ताहि कहो फिर कौन उबारै ।।

पाठ करै बजरंग बाण की।
हनुमत रक्षा करैं प्राण की ।।

जो भी व्यक्ति नियमित रूप से इस बजरंग बाण का जप करता है, उस व्यक्ति की छाया से भी भूत-प्रेत आदि भयभीत रहते हैं।

जो भी व्यक्ति धूप-दीप अर्पित कर श्रद्धापूर्वक पूर्ण समर्पण के साथ बजरंग बाण का पाठ करता है, उसके शरीर में कभी कोई रोग उत्पन्न नहीं होता।

दोहा

प्रेम और विश्वास के साथ जो भी कपिवर श्री हनुमान जी का स्मरण करता है तथा सदा उन्हें अपने हृदय में धारण करता है, उसके सभी शुभ कार्य हनुमान जी की कृपा से सिद्ध हो जाते हैं।

यह बजरंग बाण जो जापै ।
ताते भूत प्रेत सब कांपै ।।

धूप देय अरु जपै हमेशा ।
ताके तन नहिं रहै कलेशा ।।

दोहा

उर प्रतीति दृढ सरन हवै,पाठ करै धरि ध्यान।
बाधा सब हर करै,सब काज सफल हनुमान।
प्रेम प्रतीतिहि कपि भजे,सदा धरै उर ध्यान।
तेहि के कारज सकल सुभ,सिद्ध करैं हनुमान॥

राम राम
राम राम
राम राम
राम राम
राम राम
राम राम
राम राम
राम राम
राम राम
राम राम
राम राम
राम राम
राम राम
राम राम
राम राम
राम राम
राम राम
राम राम
राम राम
राम राम
राम राम
राम राम
राम राम
राम राम
राम राम
राम राम
राम राम
राम राम
राम राम
राम राम
राम राम
राम राम
राम राम
राम राम
राम राम
राम राम
राम राम
राम राम
राम राम
राम राम
राम राम
राम राम
राम राम
राम राम
राम राम
राम राम

संकटमोचन हनुमान अष्टक

हे प्रभु हनुमान जी! बाल्यकाल में आपने सूर्य को फल समझकर अपने मुख में धारण किया, जिससे तीनों लोकों में अंधकार छा गया और संसार भयभीत हो उठा; देवताओं की विनम्र प्रार्थना पर आपने सूर्यदेव को मुक्त कर सबका संकट दूर किया। हे कपिराज, ऐसा कौन है जो आपको 'संकटमोचन' के रूप में नहीं जानता?

हे प्रभु हनुमान जी! बाली के भय से सुग्रीव ऋष्यमूक पर्वत पर रहते थे और श्रीराम-लक्ष्मण को देखकर भयभीत हो उठे; तब आपने ब्राह्मण रूप धारण कर प्रभु श्रीराम का परिचय प्राप्त किया और सुग्रीव से उनकी भेंट कराकर उनके दुःखों का निवारण किया। हे कपिराज, ऐसा कौन है जो आपको 'संकटमोचन' के रूप में नहीं जानता?

हे प्रभु हनुमान जी! सुग्रीव ने अंगद आदि वानरों को सीता माता की खोज में भेजते हुए कठोर आदेश दिया था; जब सब वानर समुद्र तट पर निराश होकर बैठ गए, तब आपने ही लंका जाकर माता सीता का पता लगाया और सभी के प्राणों की रक्षा की। हे कपिराज, ऐसा कौन है जो आपको 'संकटमोचन' के रूप में नहीं जानता?

हे प्रभु हनुमान जी! रावण के अत्याचारों से दुखी माता सीता अशोक वाटिका में व्याकुल थीं; तब आपने वहाँ पहुँचकर राक्षसों का दमन किया, श्रीराम की अंगूठी देकर सीता माता को आश्वासन दिया और उनके दुःखों का निवारण किया, तथा अन्य समय प्रभु को नागपाश से भी मुक्त कराया। हे कपिराज, ऐसा कौन है जो आपको 'संकटमोचन' के रूप में नहीं जानता?

बाल समय रवि भक्षि लियो तब, तीनहुं लोक भयो अंधियारो।
ताहि सों त्रास भयो जग को, यह संकट काहु सों जात न टारो॥
देवन आनि करी बिनती तब, छांड़ि दियो रवि कष्ट निवारो।
को नहिं जानत है जग में कपि, संकटमोचन नाम तिहारो॥१॥

बालि की त्रास कपीस बसै गिरि, जात महाप्रभु पंथ निहारो।
चौंकि महामुनि साप दियो तब, चाहिय कौन बिचार बिचारो॥
कै द्विज रूप लिवाय गये प्रभु, सो तुम दास के सोक निवारो।
को नहिं जानत है जग में कपि, संकटमोचन नाम तिहारो॥२॥

अंगद के संग लेन गये सिय, खोज कपीस यह बैन उचारो।
जीवत ना बचिहौ जौं बिना सुधि, लाय इहां पगु धारिहो हारो॥
हेरि थके तट सिंधु सबे तब, लाय सिया-सुधि प्रान उबारो।
को नहिं जानत है जग में कपि, संकटमोचन नाम तिहारो॥३॥

रावण त्रास दई सिय को सब, राक्षसी सों कही सोक निवारो।
ताहि समय हनुमान महाप्रभु, जाए महा रजनीचर मरो।
चाहत सीय असोक सों आगि सु, दै प्रभु मुद्रिका सोक निवारो।
को नहिं जानत है जग में कपि, संकटमोचन नाम तिहारो॥४॥

हे प्रभु हनुमान जी! इन्द्रजीत (मेघनाद) के शक्ति प्रहार से लक्ष्मण मूर्छित हो गए थे; तब आप ही सुषेण वैद्य को उनके निवास सहित ले आए और उनके निर्देश पर द्रोण पर्वत से संजीवनी लाकर लक्ष्मण के प्राणों की रक्षा की। हे कपिराज, ऐसा कौन है जो आपको 'संकटमोचन' के रूप में नहीं जानता?

हे प्रभु हनुमान जी! जब रावण ने युद्ध में श्रीराम और लक्ष्मण को नागपाश से बाँध दिया और पूरी सेना संकट में पड़ गई, तब आप ही गरुड़ देव को लाकर उन्हें इस बंधन से मुक्त कराकर सभी का कष्ट दूर किया। हे कपिराज, ऐसा कौन है जो आपको 'संकटमोचन' के रूप में नहीं जानता?

हे प्रभु हनुमान जी! जब अहिरावण छल से श्रीराम और लक्ष्मण को पाताललोक ले गया और उनकी बलि की तैयारी करने लगा, तब आप वहाँ पहुँचकर अहिरावण और उसकी सेना का संहार कर प्रभु को सुरक्षित वापस ले आए। हे कपिराज, ऐसा कौन है जो आपको 'संकटमोचन' के रूप में नहीं जानता?

हे प्रभु हनुमान जी! आपने देवताओं और श्रीराम की सेवा में अनेक महान कार्य सिद्ध किए हैं, अतः कृपया मुझ पर अपनी कृपा बनाए रखें, मेरे सभी संकटों को शीघ्र दूर करें, मुझे साहस, धैर्य, ज्ञान और समर्पण प्रदान करें तथा जीवन की हर बाधा का निवारण करें। हे कपिराज, ऐसा कौन है जो आपको 'संकटमोचन' के रूप में नहीं जानता?

बान लाग्यो उर लछिमन के तब, प्राण तजे सूत रावन मारो।
लै गृह बैद्य सुषेन समेत, तबै गिरि द्रोण सु बीर उपारो॥
आनि सजीवन हाथ दिए तब, लछिमन के तुम प्रान उबारो।
को नहीं जानत है जग में कपि, संकटमोचन नाम तिहारो॥५॥

रावन जुध अजान कियो तब, नाग कि फांस सबै सिर डारो।
श्रीरघुनाथ समेत सबै दल, मोह भयो यह संकट भारो॥
आनि खगेस तबै हनुमान जु, बंधन काटि सुत्रास निवारो।
को नहीं जानत है जग में कपि, संकटमोचन नाम तिहारो॥६॥

बंधू समेत जबै अहिरावन, लै रघुनाथ पताल सिधारो।
देबिन्हीं पूजि भलि विधि सों बलि, देउ सबै मिलि मंत्र विचारो॥
जाये सहाए भयो तब ही, अहिरावन सैन्य समेत संहारो।
को नहीं जानत है जग में कपि, संकटमोचन नाम तिहारो॥७॥

काज किए बड़ देवन के तुम, बीर महाप्रभु देखि बिचारो।
कौन सो संकट मोर गरीब को, जो तुमसे नहिं जात है टारो॥
बेगि हरो हनुमान महाप्रभु, जो कछु संकट होए हमारो।
को नहीं जानत है जग में कपि, संकटमोचन नाम तिहारो॥८॥

दोहा

हे कपिश्रेष्ठ हनुमान जी! आपका शरीर सिंदूरमय लालिमा से शोभित है, लाल पूँछ और वस्त्रों से सुशोभित आप वज्र समान दृढ़ काया से दुष्टों का संहार करते हैं। आपकी जय हो, जय हो, जय हो!

|| ॐ ||

दोहा

लाल देह लाली लसे, अरु धरि लाल लंगूर।
बज्र देह दानव दलन, जय जय जय कपि सूर॥

|| ॐ ||

राम राम
राम राम
राम राम
राम राम
राम राम
राम राम
राम राम
राम राम
राम राम
राम राम
राम राम
राम राम
राम राम
राम राम
राम राम
राम राम
राम राम
राम राम
राम राम
राम राम
राम राम
राम राम
राम राम
राम राम
राम राम
राम राम
राम राम
राम राम
राम राम
राम राम
राम राम
राम राम
राम राम
राम राम
राम राम
राम राम
राम राम
राम राम
राम राम
राम राम
राम राम
राम राम
राम राम
राम राम
राम राम

हनुमान अष्टोत्तर शत नामावली

१. अंजनी माता के पुत्र।

२. महान पराक्रमी वीर।

३. अद्वितीय बल और तेज से युक्त।

४. पवनदेव के पुत्र।

५. तत्वज्ञान प्रदान करने वाले।

६. माता सीता को प्रभु की मुद्रिका देने वाले।

७. अशोक वाटिका का विनाश करने वाले।

१. आञ्जनेय

ॐ आञ्जनेयाय नमः॥

२. महावीर

ॐ महावीराय नमः॥

३. हनुमान

ॐ हनुमते नमः॥

४. मारुतात्मज

ॐ मारुतात्मजाय नमः॥

५. तत्वज्ञानप्रद

ॐ तत्वज्ञानप्रदाय नमः॥

६. सीतामुद्राप्रदायक

ॐ सीतामुद्राप्रदायकाय नमः॥

७. अशोकवनविनाशक

ॐ अशोकवनविनाशकाय नमः॥

८. माया और भ्रम का नाश करने वाले।

९. बंधनों से मुक्त कराने वाले।

१०. राक्षसों का संहार करने वाले।

११. शत्रु की विद्या को निष्फल करने वाले।

१२. विरोधियों के पराक्रम को नष्ट करने वाले।

१३. दुष्ट मंत्रों के प्रभाव को समाप्त करने वाले।

१४. शत्रुओं के यंत्र-उपायों को विफल करने वाले।

८. सर्वमायाविभंजन

ॐ सर्वमायाविभंजनाय नमः॥

९. सर्वबन्धविमोचक

ॐ सर्वबन्धविमोचकाय नमः॥

१०. राक्षसविध्वंसक

ॐ राक्षसविध्वंसकाय नमः॥

११. परविद्यापरिहारक

ॐ परविद्यापरिहारकाय नमः॥

१२. परशौर्यविनाशक

ॐ परशौर्यविनाशकाय नमः॥

१३. परमन्त्रनिराकर्ता

ॐ परमन्त्रनिराकर्त्रे नमः॥

१४. परयन्त्रप्रभेदक

ॐ परयन्त्रप्रभेदकाय नमः॥

१५. ग्रहों के अशुभ प्रभाव को दूर करने वाले।

१६. भीम के सहायक रूप में पूजनीय।

१७. सभी दुःखों का निवारण करने वाले।

१८. भक्तों पर स्नेह रखने वाले।

१९. विशाल और दिव्य शरीर वाले।

२०. रोगों का नाश करने वाले।

२१. समस्त जगत के स्वामी।

१५. सर्वग्रहविनाशी

ॐ सर्वग्रहविनाशिने नमः॥

१६. भीमसेनसहायक

ॐ भीमसेनसहायकाय नमः॥

१७. सर्वदुःखहर

ॐ सर्वदुःखहराय नमः॥

१८. भक्तवत्सल

ॐ भक्तवत्सलाय नमः॥

१९. महाकाय

ॐ महाकायाय नमः॥

२०. सर्वरोगहर

ॐ सर्वरोगहराय नमः॥

२१. प्रभु

ॐ प्रभवे नमः॥

२२. बल और सिद्धि प्रदान करने वाले।

२३. वानरों में श्रेष्ठ।

२४. श्रीराम के दूत।

२५. पीतवर्ण नेत्रों वाले।

२६. असीम पराक्रम वाले।

२७. समुद्र को लांघने वाले।

२८. सीता के शोक का निवारण करने वाले।

२२. बलसिद्धिकर

ॐ बलसिद्धिकराय नमः॥

२३. कपिश्रेष्ठ

ॐ कपिश्रेष्ठाय नमः॥

२४. रामदूत

ॐ रामदूताय नमः॥

२५. पिंगाक्ष

ॐ पिंगाक्षाय नमः॥

२६. अमितविक्रम

ॐ अमितविक्रमाय नमः॥

२७. उदधिक्रामी

ॐ उदधिक्रामिणे नमः॥

२८. सीताशोकनिवारक

ॐ सीताशोकनिवारकाय नमः॥

२९. लक्ष्मण के प्राणों की रक्षा करने वाले।

३०. रावण के अभिमान का नाश करने वाले।

३१. अंजनी के पुत्र स्वरूप।

३२. वायु के पुत्र।

३३. श्रीराम के परम भक्त।

३४. अर्जुन के सखा।

३५. पवनदेव के प्रिय पुत्र।

२९. लक्ष्मणप्राणदाता

ॐ लक्ष्मणप्राणदात्रे नमः॥

३०. दशग्रीवदर्पहा

ॐ दशग्रीवदर्पहन्त्रे नमः॥

३१. अंजनीसुत

ॐ अंजनीसुताय नमः॥

३२. वायुपुत्र

ॐ वायुपुत्राय नमः॥

३३. रामभक्त

ॐ रामभक्ताय नमः॥

३४. फाल्गुनसखा

ॐ फाल्गुनसखाय नमः॥

३५. पवनसुत

ॐ पवनसुताय नमः॥

३६. सीता के दु:ख का नाश करने वाले।

३७. लक्ष्मण की रक्षा करने वाले।

३८. राक्षसों का विनाश करने वाले।

३९. अत्यंत तेजस्वी।

४०. वानर सेना के नायक।

४१. ब्रह्मचर्य का पालन करने वाले।

४२. रत्नजटित कुण्डलों से शोभित।

३६. सीताशोकविनाशन

ॐ सीताशोकविनाशनाय नमः॥

३७. लक्ष्मणप्राणरक्षक

ॐ लक्ष्मणप्राणरक्षकाय नमः॥

३८. राक्षसघ्न

ॐ राक्षसघ्नाय नमः॥

३९. महातेजा

ॐ महातेजसे नमः॥

४०. कपिसेनानायक

ॐ कपिसेनानायकाय नमः॥

४१. कुमारब्रह्मचारी

ॐ कुमारब्रह्मचारिणे नमः॥

४२. रत्नकुण्डलदीप्तिमान

ॐ रत्नकुण्डलदीप्तिमते नमः॥

४३. चंचल गति और बुद्धि वाले।

४४. विविध विद्याओं के ज्ञाता।

४५. अत्यंत बलशाली और पराक्रमी।

४६. कारागार से मुक्त कराने वाले।

४७. बंधनों को तोड़ने वाले।

४८. समुद्र को पार करने वाले।

४९. लंकिनी का दमन करने वाले।

४३. चंचलद्विज

ॐ चंचलद्विजाय नमः॥

४४. गंधर्वविद्यातत्त्वज्ञ

ॐ गंधर्वविद्यातत्त्वज्ञाय नमः॥

४५. महाबलपराक्रमी

ॐ महाबलपराक्रमाय नमः॥

४६. कारागृहविमोचक

ॐ कारागृहविमोचकाय नमः॥

४७. शृंखलाबन्धमोचक

ॐ शृंखलाबन्धमोचकाय नमः॥

४८. सागरउल्लंघन

ॐ सागरउल्लंघनाय नमः॥

४९. लंकिनीभंजन

ॐ लंकिनीभंजनाय नमः॥

५०. श्रीराम को प्रिय लगने वाले।

५१. दैत्यों का नाश करने वाले।

५२. अक्षय कुमार का वध करने वाले।

५३. स्वर्ण के समान आभा वाले।

५४. पंचमुख रूप धारण करने वाले।

५५. महान तपस्वी।

५६. लंका के रक्षकों का विनाश करने वाले।

५०. श्रीरामप्रियकर

ॐ श्रीरामप्रियकराय नमः॥

५१. दैत्यक्षयकर

ॐ दैत्यक्षयकराय नमः॥

५२. अक्षहंता

ॐ अक्षहन्त्रे नमः॥

५३. कांचनाभ

ॐ कांचनाभाय नमः॥

५४. पंचवक्त्र

ॐ पंचवक्त्राय नमः॥

५५. महातपस्वी

ॐ महातपसे नमः॥

५६. लंकारक्षकविनाशक

ॐ लंकारक्षकविनाशकाय नमः॥

५७. श्रीराम के सेवक।

५८. भक्तों को प्रिय।

५९. दीन-दुखियों के सहायक।

६०. संकटों का निवारण करने वाले।

६१. तेज से युक्त।

६२. ज्ञान और गुणों के सागर।

६३. प्राणों की रक्षा करने वाले।

५७. श्रीरामसेवक

ॐ श्रीरामसेवकाय नमः॥

५८. भक्तप्रिय

ॐ भक्तप्रियाय नमः॥

५९. दीनबन्धु

ॐ दीनबन्धवे नमः॥

६०. संकटमोचन

ॐ संकटमोचनाय नमः॥

६१. तेजस्वी

ॐ तेजस्विने नमः॥

६२. ज्ञानगुणसागर

ॐ ज्ञानगुणसागराय नमः॥

६३. प्राणदाता

ॐ प्राणदात्रे नमः॥

६४. वज्र के समान दृढ़ शरीर वाले।

६५. कालनेमि का वध करने वाले।

६६. सही मार्ग दिखाने वाले।

६७. दुष्टों का दलन करने वाले।

६८. भगवान शिव के अंश।

६९. श्रीराम के कार्य सिद्ध करने वाले।

७०. भूत-प्रेत आदि का नाश करने वाले।

६४. वज्रकाय

ॐ वज्रकायाय नमः॥

६५. कालनेमिघ्न

ॐ कालनेमिघ्नाय नमः॥

६६. हरिमार्गदर्शक

ॐ हरिमार्गदर्शकाय नमः॥

६७. दुष्टदलन

ॐ दुष्टदलनाय नमः॥

६८. शिवांश

ॐ शिवांशाय नमः॥

६९. रामकार्यसिद्ध

ॐ रामकार्यसिद्धये नमः॥

७०. भूतप्रेतनाशक

ॐ भूतप्रेतनाशकाय नमः॥

७१. योग के स्वामी।

७२. महान योगी।

७३. अमर और अविनाशी स्वरूप।

७४. भय को दूर करने वाले।

७५. शत्रुओं का नाश करने वाले।

७६. कृपा के भंडार।

७७. भक्तों की रक्षा करने वाले।

७१. योगीश्वर

ॐ योगीश्वराय नमः॥

७२. महायोगी

ॐ महायोगिने नमः॥

७३. अजरामर

ॐ अजरामराय नमः॥

७४. निर्भयदाता

ॐ निर्भयदात्रे नमः॥

७५. शत्रुनाशक

ॐ शत्रुनाशकाय नमः॥

७६. कृपानिधान

ॐ कृपानिधानाय नमः॥

७७. भक्तरक्षक

ॐ भक्तरक्षकाय नमः॥

७८. अनंत शक्ति से युक्त।

७९. धर्म की रक्षा करने वाले।

८०. सत्त्वगुणों के भंडार।

८१. मन के समान तीव्र गति वाले।

८२. रामनाम में लीन रहने वाले।

८३. अत्यंत बलवान।

८४. धैर्य और स्थिरता से युक्त।

७८. अनन्तवीर्य

ॐ अनन्तवीर्याय नमः॥

७९. धर्मपालक

ॐ धर्मपालकाय नमः॥

८०. सत्त्वगुणनिधि

ॐ सत्त्वगुणनिधये नमः॥

८१. मनोजव

ॐ मनोजवाय नमः॥

८२. रामनामप्रेमी

ॐ रामनामप्रेमिणे नमः॥

८३. बलवान

ॐ बलवते नमः॥

८४. धैर्यवान

ॐ धैर्यवते नमः॥

८५. शुभ फल देने वाले।

८६. सभी सिद्धियाँ प्रदान करने वाले।

८७. कष्टों का निवारण करने वाले।

८८. दुःखों का नाश करने वाले।

८९. आनंद प्रदान करने वाले।

९०. भक्तों को सुख देने वाले।

९१. शुभ लक्षणों से युक्त।

८५. शुभकर

ॐ शुभकराय नमः॥

८६. सर्वसिद्धिप्रदाता

ॐ सर्वसिद्धिप्रदाय नमः॥

८७. कष्टनिवारक

ॐ कष्टनिवारकाय नमः॥

८८. दुःखनाशक

ॐ दुःखनाशकाय नमः॥

८९. आनन्ददायक

ॐ आनन्ददायकाय नमः॥

९०. भक्तसुखदायक

ॐ भक्तसुखदायकाय नमः॥

९१. शुभलक्षण

ॐ शुभलक्षणाय नमः॥

९२. दया के सागर।

९३. करुणा से परिपूर्ण।

९४. लोक कल्याण करने वाले।

९५. सर्वत्र मंगल करने वाले।

९६. श्रीराम के सेवक।

९७. गुणों के भंडार।

९८. चिरंजीवी स्वरूप।

९२. दयासागर

ॐ दयासागराय नमः॥

९३. करुणामय

ॐ करुणामयाय नमः॥

९४. लोकहितकारी

ॐ लोकहितकारिणे नमः॥

९५. सर्वमंगल

ॐ सर्वमंगलाय नमः॥

९६. रामदास

ॐ रामदासाय नमः॥

९७. गुणनिधि

ॐ गुणनिधये नमः॥

९८. चिरंजीवी

ॐ चिरंजीविने नमः॥

९९. विजय प्रदान करने वाले।

१००. मंगलमय स्वरूप वाले।

१०१. बुद्धि प्रदान करने वाले।

१०२. सिद्धि देने वाले।

१०३. योगबल से सम्पन्न।

१०४. प्रभु के सच्चे भक्त।

१०५. समस्त विश्व द्वारा वंदित।

९९. विजयप्रदाता

ॐ विजयप्रदाय नमः॥

१००. मंगलमूर्ति

ॐ मंगलमूर्तये नमः॥

१०१. बुद्धिप्रदाता

ॐ बुद्धिप्रदाय नमः॥

१०२. सिद्धिदाता

ॐ सिद्धिदात्रे नमः॥

१०३. योगबलवान

ॐ योगबलवानाय नमः॥

१०४. प्रभुभक्त

ॐ प्रभुभक्ताय नमः॥

१०५. विश्ववंदित

ॐ विश्ववंदिताय नमः॥

१०६. पापों का हरण करने वाले।

१०७. पापों का नाश करने वाले।

१०८. श्री हनुमान स्वरूप।

१०६. अघहर

ॐ अघहराय नमः॥

१०७. पापनाशक

ॐ पापनाशकाय नमः॥

१०८. श्रीहनुमान

ॐ श्रीहनुमते नमः॥

राम राम
राम राम
राम राम
राम राम
राम राम
राम राम
राम राम
राम राम
राम राम
राम राम
राम राम
राम राम
राम राम
राम राम
राम राम
राम राम
राम राम
राम राम
राम राम
राम राम
राम राम
राम राम
राम राम
राम राम
राम राम
राम राम
राम राम
राम राम
राम राम
राम राम
राम राम
राम राम
राम राम
राम राम
राम राम
राम राम
राम राम
राम राम
राम राम
राम राम
राम राम
राम राम
राम राम
राम राम
राम राम

श्री राम स्तुति

हे मन! कृपालु श्री रामचन्द्र जी का भजन करता रह; वे जन्म-मरण के भय को दूर करते हैं। उनके नेत्र नव खिले कमल समान कोमल हैं, और मुख, हाथ व चरण लाल कमल की भांति शोभायमान हैं। उनके स्मरण से हृदय में श्रद्धा जागती है और समस्त भय दूर होते हैं।

उनका दिव्य सौंदर्य असंख्य कामदेवों से भी बढ़कर है। उनका श्याम वर्ण घने वर्षा-मेघ के समान मनोहर है और पीताम्बर बिजली की भांति दमकता है। ऐसे पावन, तेजस्वी जानकीपति श्री राम को मैं श्रद्धा से प्रणाम करती/करता हूँ।

हे मन! दीनों के बंधु, तेजस्वी और दानव-दैत्य वंश का नाश करने वाले, आनन्द-कन्द, रघुवंश के प्रिय, कौशल्या-नन्दन और दशरथ-पुत्र श्री राम का भजन करती/करता रह।

जिनके मस्तक पर रत्नजटित मुकुट, कानों में कुण्डल और भाल पर सुंदर तिलक सुशोभित है, तथा जिनके अंग दिव्य आभूषणों से अलंकृत हैं। जिनकी भुजाएं घुटनों तक लम्बी हैं और जो धनुष-बाण धारण किए हुए संग्राम में खर-दूषण पर विजय प्राप्त करते हैं।

तुलसीदास प्रार्थना करते हैं कि जो शिव, शेष और मुनियों के मन को प्रसन्न करने वाले तथा काम, क्रोध, लोभ आदि विकारों का नाश करने वाले श्री रघुनाथ जी हैं, वे मेरे हृदय-कमल में सदा निवास करें और समस्त बुराइयों को दूर करें।

श्री राम चंद्र कृपालु भजमन हरण भाव भय दारुणम्।
नवकंज लोचन कंज मुखकर, कंज पद कन्जारुणम्।।

कंदर्प अगणित अमित छवी नव नील नीरज सुन्दरम्।
पट्पीत मानहु तडित रूचि शुचि नौमी जनक सुतावरम्।।

भजु दीन बंधु दिनेश दानव दैत्य वंश निकंदनम्।
रघुनंद आनंद कंद कौशल चंद दशरथ नन्दनम्।।

सिर मुकुट कुण्डल तिलक चारु उदारू अंग विभूषणं।
आजानु भुज शर चाप धर संग्राम जित खर-धूषणं।।

इति वदति तुलसीदास शंकर शेष मुनि मन रंजनम्।
मम ह्रदय कुंज निवास कुरु कामादी खल दल गंजनम्।।

छंद :

गौरी-पूजन में लीन जानकी पर प्रसन्न होकर गौरी जी वर देती हैं, जिसमें उनका मन अनुरक्त है, वही स्वभाव से सुंदर, सांवला और गुणवान वर उन्हें प्राप्त होगा। वह दया के सागर, सर्वज्ञ और उनके शील व स्नेह को जानने वाले हैं।

गौरी जी का आशीर्वाद सुनकर जानकी जी और सभी सखियां अत्यंत प्रसन्न हो उठती हैं। तुलसीदास जी कहते हैं कि तब सीता जी माता भवानी की बार-बार पूजा कर हर्षित मन से राजमहल लौट जाती हैं।

सोरठा :

गौरी जी को अनुकूल जानकर सीता जी के हृदय में अपार हर्ष उमड़ता है, जिसे शब्दों में व्यक्त नहीं किया जा सकता। शुभ संकेत स्वरूप उनके बाएँ अंग मंगलसूचक रूप से फड़कने लगते हैं।

छंद :

मनु जाहिं राचेऊ मिलिहि सो बरु सहज सुंदर सावरों।
करुना निधान सुजान सिलू सनेहू जानत रावरो।।

एही भांती गौरी असीस सुनी सिय सहित हिय हरषी अली।
तुलसी भवानी पूजि पूनी पूनी मुदित मन मंदिर चली।।

सोरठा :

जानि गौरी अनुकूल सिय हिय हरषु न जाइ कहि।
मंजुल मंगल मूल वाम अंग फरकन लगे।।

राम राम
राम राम
राम राम
राम राम
राम राम
राम राम
राम राम
राम राम
राम राम
राम राम
राम राम
राम राम
राम राम
राम राम
राम राम
राम राम
राम राम
राम राम
राम राम
राम राम
राम राम
राम राम
राम राम
राम राम
राम राम
राम राम
राम राम
राम राम
राम राम
राम राम
राम राम
राम राम
राम राम
राम राम
राम राम
राम राम
राम राम
राम राम
राम राम
राम राम
राम राम
राम राम
राम राम
राम राम
राम राम
राम राम
राम राम
राम राम
राम राम

श्री हनुमान आरती

हनुमान लाला की आरती उतारें।
आप रघुनाथ (राम) की शक्ति हैं, जो दुष्टों का संहार करते हैं।

आपकी शक्ति से पर्वत भी काँप उठें।
आपके पास रोग-दोष तक नहीं पहुँच पाते।

आप अंजनी माता के पुत्र, पराक्रमी हैं।
आप संत-भक्तों के स्वामी हैं और सदा सहायक हैं।

आप वह वीर हैं जिन्हें रघुनाथ (राम) ने भेजा था।
आपने लंका जला कर माता सीता का समाचार राम तक पहुँचाया।

आपने लंका पहुँचने के लिए सागर-सी महान दूरी को पार किया।
समुद्र पार करने के बाद भी आप माता को वापस नहीं ला सके।

आपने लंका जलाकर असुरों का संहार किया।
आपने श्रीराम जी के कार्य पूरे किए।

युद्ध में लक्ष्मण गिरकर मूर्छित हो गए।
आपने संजीवनी बूटी लाकर लक्ष्मण को जीवित किया।

आरती कीजै हनुमान लला की।
दुष्ट दलन रघुनाथ कला की।।

जाके बल से गिरिवर कांपे।
रोग दोष जाके निकट न झांके।।

अंजनि पुत्र महाबलदायी।
संतान के प्रभु सदा सहाई।।

दे बीरा रघुनाथ पठाए।
लंका जारी सिया सुध लाए।।

लंका सो कोट समुद्र सी खाई।
जात पवनसुत बार न लाई।।

लंका जारी असुर संहारे।
सियारामजी के काज संवारे।।

लक्ष्मण मूर्छित पड़े सकारे।
आणि संजीवन प्राण उबारे।।

आप पाताललोक जाकर जमकार को परास्त कर आए।
आपने अहिरावण की भुजा को उखाड़ दिया।

आपने बाईं भुजा से असुरों की सेना का संहार किया।
आपने दाहिनी भुजा से संत-भक्तों को बचाया।

देव, मनुष्य और ऋषि सभी आपकी आरती उतार रहे हैं।
सब ओर 'जय जय जय हनुमान' का जप हो रहा है।

सोने की थाली में कपूर की लौ फैल रही है।
अंजना माता (हनुमान की माता) आरती अर्पित कर रही हैं।

रघुवर (राम) ने लंका का विध्वंस किया।
तुलसीदास स्वामी ने आपकी कीर्ति गायी।

जो कोई हनुमानजी की आरती गाता है,
वह वैकुंठ (परम लोक) को प्राप्त होता है।

पैठी पताल तोरि जमकारे।
अहिरावण की भुजा उखाड़े।।

बाएं भुजा असुर दल मारे।
दाहिने भुजा संतजन तारे।।

सुर-नर-मुनि जन आरती उतारे।
जै जै जै हनुमान उचारे।।

कंचन थार कपूर लौ छाई।
आरती करत अंजना माई।।

लंकविध्वंस कीन्ह रघुराई।
तुलसीदास प्रभु कीरति गाई।।

जो हनुमानजी की आरती गावै।
बसी बैकुंठ परमपद पावै।।

राम राम
राम राम
राम राम
राम राम
राम राम
राम राम
राम राम
राम राम
राम राम
राम राम
राम राम
राम राम
राम राम
राम राम
राम राम
राम राम
राम राम
राम राम
राम राम
राम राम
राम राम
राम राम
राम राम
राम राम
राम राम
राम राम
राम राम
राम राम
राम राम
राम राम
राम राम
राम राम
राम राम
राम राम
राम राम
राम राम
राम राम
राम राम
राम राम
राम राम
राम राम
राम राम
राम राम
राम राम
राम राम
राम राम
राम राम

दिव्य संकल्प लेखन
(Manifestation Scripting Section)

यह अनुभाग आपके संकल्प और इच्छाओं को लिखने के लिए है। श्री हनुमान जी का स्मरण करके, स्पष्ट और सकारात्मक भाव से अपनी बात लिखें। ऐसे लिखें मानो आपका संकल्प पूर्ण हो चुका है। आप २१ दिन के संकल्प के दौरान प्रतिदिन यहाँ लेखन कर सकते हैं। यदि आप अलग से संकल्प या पत्र लिखते हैं, तो उन्हें मोड़कर इस अनुभाग में सुरक्षित रख सकते हैं। हनुमान जी की कृपा से आपके सभी शुभ और उचित संकल्प पूर्ण हों। जो इच्छाएँ आपके और सभी के कल्याण के लिए सही हैं, वे साकार हों। आप और आपके प्रियजन सुखी, संतुष्ट, स्वस्थ और समृद्ध रहें। आपको सही दिशा, शक्ति और स्थिरता प्राप्त हो।

॥ जय श्री राम ॥ ॥ जय श्री हनुमान ॥

www.ingramcontent.com/pod-product-compliance
Lightning Source LLC
LaVergne TN
LVHW022006200926
848481LV00007B/2252
* 9 7 9 8 9 0 5 6 0 0 5 4 8 *